영원히 목마르지 않는 생수

오정현 지음

오정현

열정의 비전 메이커 오정현 목사는 한 사람을 그리스도 안에서 온전한 제자로 세우는 제자훈련을 목회철학으로 삼고 '제자훈련의 국제화'와 '한국 교회 제2의 부흥'을 위해 쉬지 않고 달려가고 있다. 현재 사랑의교회 담임목사이다.

대각성전도집회 다락방 시리즈 12

영원히 목마르지 않는 생수

초판 1쇄 발행　2009년 10월 30일
초판 5쇄 발행　2023년 8월 20일

지 은 이　오정현

펴 낸 이　박주성
펴 낸 곳　국제제자훈련원
등　　록　제2013-000170호(2013년 9월 25일)
주　　소　서울시 서초구 효령로 68길 98(서초동)
전　　화　02) 3489-4300　　팩　　스 02) 3489-4329
이 메 일　dmipress@sarang.org

ISBN 978-89-5731-433-3　03230
　　　978-89-5731-429-6(set)

국제제자훈련원은 건강한 교회를 꿈꾸는 목회의 동반자로서 제자 삼는 사역을 중심으로 성경적 목회 모델을 제시함으로 세계 교회를 섬기는 전문 사역 기관입니다.

대각성전도집회 다락방 시리즈 **12**

영원히 목마르지 않는 생수

오정현 지음

국제제자훈련원

▦ 교재 사용에 대하여 ▦

제자훈련을 하고 있는 교회라면 대각성전도집회를 1년에 한 번씩 갖는 것이 좋다. 제자훈련을 통해 축적된 영적인 힘을 발휘할 수 있는 기회를 만들어주기 때문이다. 또한 교회가 영적으로 수혈을 받고 새롭게 일어나는 계기가 된다. 새로운 생명이 태어나는 산실인 대각성전도집회가 시작되면 교회는 영적인 잔치 분위기를 맛보게 될 것이다.

대각성전도집회는 준비 기간을 길게 두고 치밀한 준비를 해야 한다. 우리 마음에 안주하려는 습성을 깨고 새롭게 힘을 모으기 위해서는 적어도 5~6개월 전부터 치밀한 준비가 있어야 한다. 특별히 소그룹을 중심으로 영적으로 무장하며, 합심하여 기도로 준비하는 것은 대단히 중요하다.

이를 위해 지금까지 전도집회를 앞두고 소그룹에서 사용해 온 교재를 내어놓게 되었다. 다소나마 도움이 되길 바라며, 이 교재를 사용하기 원하면 다음 몇 가지를 참고해 주기 바란다.

1. 이 교재는 소그룹에서 귀납법적인 방법으로 성경을 공부하도록 만들어졌다. 그러므로 지도자는 소그룹 환경에서 귀납법적으로 성경을 공부하는 것이 무엇인지를 반드시 배우지 아니하면 안 된다.

2. 이 교재는 교역자가 매주 소그룹 지도자들을 먼저 예습시킨 다음 사용하게 해야 바람직한 효과를 기대할 수 있다. 평신도에게 던져주고 그들 마음대로 사용하게 하는 것은 좋지 않다.

3. 소그룹에 참석하는 자들은 반드시 미리 예습을 하도록 권장해야 한다.

4. 한 과의 내용을 다 공부하려면 2시간 이상이 필요하다. 그러므로 문제에 따라 답만 찾아보고 넘어가야 할 것과 함께 토의하면서 진지하게 적용해야 할 것을 잘 구별해서 시간 안배를 잘 해야 한다.

CONTENTS

1. 달리다굼

[21] 예수께서 배를 타시고 다시 맞은편으로 건너가시니 큰 무리가 그에게로 모이거늘 이에 바닷가에 계시더니 [22] 회당장 중의 하나인 야이로라 하는 이가 와서 예수를 보고 발 아래 엎드리어 [23] 간곡히 구하여 이르되 내 어린 딸이 죽게 되었사오니 오셔서 그 위에 손을 얹으사 그로 구원을 받아 살게 하소서 하거늘 [35] 아직 예수께서 말씀하실 때에 회당장의 집에서 사람들이 와서 회당장에게 이르되 당신의 딸이 죽었나이다 어찌하여 선생을 더 괴롭게 하나이까 [36] 예수께서 그 하는 말을 곁에서 들으시고 회당장에게 이르시되 두려워하지 말고 믿기만 하라 하시고 [37] 베드로와 야고보와 야고보의 형제 요한 외에 아무도 따라옴을 허락하지 아니하시고 [38] 회당장의 집에 함께 가사 떠드는 것과 사람들이 울며 심히 통곡함을 보시고 [39] 들어가서 그들에게 이르시되 너희가 어찌하여 떠들며 우느냐 이 아이가 죽은 것이 아니라 잔다 하시니 [40] 그들이 비웃더라 예수께서 그들을 다 내보내신 후에 아이의 부모와 또 자기와 함께 한 자들을 데리시고 아이 있는 곳에 들어가사 [41] 그 아이의 손을 잡고 이르시되 달리다굼 하시니 번역하면 곧 내가 네게 말하노니 소녀야 일어나라 하심이라 [42] 소녀가 곧 일어나서 걸으니 나이가 열두 살이라 사람들이 곧 크게 놀라고 놀라거늘 [43] 예수께서 이 일을 아무도 알지 못하게 하라고 그들을 많이 경계하시고 이에 소녀에게 먹을 것을 주라 하시니라

복음의 문은 늘 열려 있지만, 세상의 상식 앞에서는 때로 닫혀 있는 것처럼 보일 때가 있습니다. 오늘 본문에서 우리는 생명을 얻기 위해서 세상의 냉소와 비웃음을 상관하지 않으시는 예수님을 보게 됩니다. 아무리 세상이 그럴듯한 변명으로 막아서더라도 생명을 얻는 복음의 행보는 멈출 수가 없습니다.

예수님은 누구도 무엇으로도 해결할 수 없는 인간의 한계상황 속으로 들어오십니다. 야이로의 믿음을 송두리째 빼앗아 갈 수 있는 위협적인 상황은 오늘 복음전도의 문 앞에 서 있는 우리의 상황이기도 합니다. 그러나 이 시간 더 이상 가능성이 없다고 우리로 절망하게 만드는 사탄의 비웃음을 뒤로 하고 야이로의 딸의 손을 잡아 일으켰던 주님처럼 태신자들의 손을 잡고 그들을 일으키는 능력을 부여받기를 바랍니다.

대각성전도집회를 통해 우리가 품은 태신자들에게 "달리다굼!"이라고 말씀하시는 예수님의 음성이 들리도록 믿음으로 기도하며 전심으로 주님께 나아가도록 합시다. 야이로의 딸을 찾으신 예수님처럼 우리도 영적으로 죽어가는 사람들을 찾아 나서기만 하면, 이번 대각성전도집회는 야이로의 딸이 경험하였던 생명의 회복보다 더 놀랍고 위대한 영생의 기쁨들로 수많은 사람들이 일어서는 '달리다굼'의 현장이 될 것입니다.

1. 당시 유대 종교지도자들은 안식일에 병을 고치시는 예수님에 대해서 대단히 적대적인 태도를 보이고 있습니다. 이런 상황에서 종교지도자에 속하는 회당장 야이로가 예수님의 발 아래 엎드린 이유는 무엇입니까?

- 마가복음 3:6/

- 22-23절/

2. 딸의 생명을 위하여 예수님께 나아왔던 야이로에게 더욱 절망적인 소식이 전해졌습니다. 이런 상황에 대해 사람들과 예수님은 어떻게 달리 반응하고 있습니까?

- 35절/

3. 사람들은 이미 죽은 야이로의 딸을 '잔다'고 말씀하시는 예수님을 크게 비웃고 있습니다. 그렇다면 왜 예수님은 죽은 자를 잔다고 말씀하고 있을까요? (참고 / 요한복음 11:11-14)

• 39절 /

요한복음 11:11-14 이 말씀을 하신 후에 또 이르시되 우리 친구 나사로가 잠들었도다 그러나 내가 깨우러 가노라 제자들이 이르되 주여 잠들었으면 낫겠나이다 하더라 예수는 그의 죽음을 가리켜 말씀하신 것이나 그들은 잠들어 쉬는 것을 가리켜 말씀하심인 줄 생각하는지라 이에 예수께서 밝히 이르시되 나사로가 죽었느니라

4. 죽은 자를 살리려는 예수님을 비웃는 유대인의 모습에서 겉으로만 사람을 판단하고 영적인 소망이 없는 자로 낙인을 찍는 우리 자신의 일면을 발견할 수 있습니다. 그러나 야이로의 딸처럼 도무지 희망이 없어 보이는 경우조차도 예수님은 우리에게 무엇이라고 도전하고 있습니까?

• 36절 /

5. "달리다굼"은 소망 없이 죽어가는 영혼을 불쌍히 여기는 자에게 성령께서 주시는 믿음의 소리입니다. 하나님 앞에서는 마른 뼈도 살아날 수 있습니다. 그럼에도 막상 전도의 문 앞에 서면 내면 속에서 '저 사람은 구원받을 수 없어', '전도해도 소용없어'라는 불신앙의 소리를 듣습니다. 당신이 스스로에게 가장 많이 합리화하는 '전도를 막는 소리'는 무엇입니까?

6. 예수님은 사람들의 비웃음에도 불구하고 죽었던 야이로의 딸의 손을 잡고 "달리다굼!" 즉, "소녀야, 일어나라"고 말씀하고 있습니다. 우리가 주변의 냉소와 비웃음에도 불구하고 예수님처럼 찾아가서 손을 잡고 달리다굼을 외쳐야 할 사람은 누구입니까? 당신의 곁에도 야이로의 딸처럼 "달리다굼"이라고 명하시는 예수님의 음성을 들어야 할 영혼들이 있는지 깊이 생각해 봅시다.

7. 다음 글을 읽고 느낀 점을 나누어 봅시다.

우리는 주님의 눈을 가지고 보아야 합니다. 그렇지 못하면 교회에서 전도하라니까 피할 수 없어서 냉랭한 마음을 가지고 할 수도 있습니다. 또 유대인들이 이방인을 무시하면서 보듯이 교만한 마음을 가지고 사람들을 전도할 수도 있습니다. 그것은 진정한 전도자의 마음가짐은 아닙니다. 전도자는 자기의 죄값을 지고 하나님의 심판을 향해 한걸음씩 다가가는 믿지 않는 가족, 친구, 동료를 불쌍히 여기는 눈물 젖은 마음을 가져야 합니다.

이처럼 영혼을 불쌍히 여기는 마음은 바로 예수님 자신의 마음이었습니다. 복음서에 보면 불쌍히 여긴다, 민망히 여긴다는 '스플랑크니조마이' 라는 단어가 12번 나옵니다. 이 단어는 단순히 상대방의 고통을 보고 마음이 아픈 정도가 아니라 그 불쌍히 여기는 마음이 너무 심해서 내장이 막 뒤틀릴 정도의 아픔에 사로잡히는 것을 뜻합니다. 우리에게는 영적으로 죽어가는 사람들을 보면서 우리의 내장이 뒤틀릴 정도로 고통하고 아파하는 예수님이 품었던 '스플랑크니조마이' 의 마음이 필요합니다.

죽음처럼 보이는 엄청난 복음의 장애물도 예수님의 말씀 앞에서는 허물어질 수밖에 없습니다. 그 어떤 절망적인 상황도 생명의 주인 되신 예수님께는 전혀 문제가 될 수 없습니다. 어쩌면 유일한 걸림돌은 그 상황을 절망적으로 해석하고 더 이상 예수님께 나아오지 않는 우리의 불신앙일 것입니다. 나에게는 이런 불신앙의 모습이 있지 않은지 자신을 돌아보는 시간을 가집시다. 어떤 절망적인 상황이 벌어진다고 하더라고 "두려워하지 말고 믿기만 하라"는 주님의 말씀을 붙들고 태신자들의 마음밭과 그들을 인도하기까지 주변 환경들을 장악해 주시도록 뜨겁게 합심해서 기도합시다. 영적으로 죽어가고 있는 태신자들을 끝까지 포기하지 말고 주님께 인도하여 달리다굼의 은혜를 경험하는 대각성전도집회가 되도록 합시다.

2. 예수 그리스도의 이름으로 일어나 걸으라

[1] 제 구 시 기도 시간에 베드로와 요한이 성전에 올라갈새 [2] 나면서 못 걷게 된 이를 사람들이 메고 오니 이는 성전에 들어가는 사람들에게 구걸하기 위하여 날마다 미문이라는 성전 문에 두는 자라 [3] 그가 베드로와 요한이 성전에 들어가려 함을 보고 구걸하거늘 [4] 베드로가 요한과 더불어 주목하여 이르되 우리를 보라 하니 [5] 그가 그들에게서 무엇을 얻을까 하여 바라보거늘 [6] 베드로가 이르되 은과 금은 내게 없거니와 내게 있는 이것을 네게 주노니 나사렛 예수 그리스도의 이름으로 일어나 걸으라 하고 [7] 오른손을 잡아 일으키니 발과 발목이 곧 힘을 얻고 [8] 뛰어 서서 걸으며 그들과 함께 성전으로 들어가면서 걷기도 하고 뛰기도 하며 하나님을 찬송하니 [9] 모든 백성이 그 걷는 것과 하나님을 찬송함을 보고 [10] 그가 본래 성전 미문에 앉아 구걸하던 사람인 줄 알고 그에게 일어난 일로 인하여 심히 놀랍게 여기며 놀라니라

매해 대각성전도집회를 준비할 때마다 다른 그 무엇과도 비교할 수 없는 거룩한 부담과 영혼의 전율을 느끼게 됩니다. 이는 어둠의 세력에 매여 있는 자를 그리스도의 빛 가운데로 인도하는 치열한 영적 전투요, 전적으로 하나님만을 의지하게 하는 사역이기 때문입니다. 오늘 본문에서 우리는 나면서부터 못 걷게 된 한 사람이 예수 그리스도의 이름으로 일어나 걷게 되고 하나님을 찬양하는 놀라운 이적을 보게 됩니다. 이것은 누구든지 여호와의 이름을 부르는 자는 구원을 얻을 것이라는 예언의 성취임과 동시에, 초대 예루살렘 교회뿐만 아니라 오늘날 모든 교회를 통해 나타나야 할 간절한 꿈과 소망이기도 합니다. 먼저 우리가 해야 할 일은 모든 인생이 만나야 할 그 예수 그리스도를 증거하고 그분의 능력을 선포함으로, 사람들로 하여금 그분을 믿고 새생명을 얻게 하는 것입니다. 이 시간 말씀을 통해 우리 속에서 예수 그리스도의 이름을 향한 믿음을 회복하고 그 이름의 능력을 선포하는 귀한 은혜가 있길 바랍니다.

말씀의 씨를 뿌리며

1. 베드로와 요한이 유대인의 전통을 따라 기도하러 성전에 갈 때 나면서부터 못 걷게 된 한 사람을 만나게 되었습니다. 그의 형편은 어떠했습니까?

   • 2절/

2. 성전 미문에 앉은 이 사람은 성전에 들어가려는 베드로와 요한을 보고 무엇을 바라고 있습니까? 하지만 그에게 이보다 더 절실한 것은 무엇이라고 생각합니까?

  • 3, 5절/

3. 베드로와 요한에게는 정한 기도 시간이 매우 중요한 시간이었습니다. 사람들은 자신들이 중요하게 여기는 시간에는 자신에게 집중하느라 다른 사람들에게 관심을 두지 못하는 것이 일반적입니다. 그러나 베드로와 요한은 그러한 순간에도 자신을 필요로 하는 한 영혼을 지나치거나 외면하지 않았습니다. 그렇다면 당신은 태신자들의 영적 필요를 어떻게 주목하고 채워주고 있습니까?

  • 4절/

4. 베드로와 요한은 은과 금은 없었어도 이보다 더 귀하고 엄청난 것을 갖고 있었습니다. 나면서부터 못 걷게 된 한 사람을 일으킬 수 있는 치료의 능력뿐만 아니라 삶에 매여 세상에 빠져 있는 사람들을 근본적으로 변화시킬 수 있는 생명의 역사는 무엇으로 가능한 것입니까?

- 6절 /

- 요한복음 5:24 /

5. 나면서부터 걷지 못하였던 성전 미문의 사람이 예수 그리스도의 이름으로 고침을 받기 전과 받은 후를 비교해 보십시오. 그에게 어떠한 변화가 일어났습니까? 그렇다면 당신이 태신자들을 향해 꿈꾸는 하나님의 기적과 변화는 무엇입니까?

- 8-10절 /

6. 하나님은 성령의 능력을 덧입은 베드로와 요한을 통해 놀라운 일을 행하셨습니다. 베드로와 요한처럼 하나님의 손에 온전히 붙잡혀 죽어가는 생명을 살리기 위해 지금 당신이 가장 필요로 하며 실천해야 할 것은 무엇입니까?

$7.$ 다음 글을 읽고 느낀 점을 나누어 봅시다.

다음 이야기는 유명한 스펄전 목사님에 관한 기록입니다.

사람들이 스펄전에게 종종 이런 질문을 던졌습니다. "당신의 성공 비결이 있다면 무엇입니까?" 그때마다 그는 "나의 유일한 성공 비결이라면 그것은 예수 그리스도의 이름만 믿고 나아갔던 것입니다"라고 대답했습니다. 설교의 대명사였던 그 역시 그리스도의 이름 하나만을 의지하고 살았던 것입니다.

한 번은 스펄전이 택시를 잡아타고 집으로 가고 있는데 택시 기사가 힐끔 힐끔 뒤를 돌아다보더니 이렇게 말하는 것이었습니다. "손님! 꽤 오래전에 댁까지 모셔 드린 적이 있었는데 기억하시겠습니까?" 하지만 도무지 기억할 수가 없어 "전혀 기억이 안 나는데요"라고 다답했습니다. 그때 그 기사는 "그러실 겁니다. 벌써 그 일이 14년 전의 일이니까요"라는 말과 함께 주머니에서 낡고 빛 바랜 책을 꺼내 들었습니다. 그리고는 "손님! 이 책을 기억하실 지 모르겠습니다. 이것은 그날 손님께서 제게 읽으라고 주신 책입니다. 그날 저는 집에 가서 이 책을 읽고 주님을 만났습니다. 감사합니다"라고 말했습니다.

스펄전은 깜짝 놀랐습니다. 주의 이름으로 그저 책 한 권을 권하기만 했는데 그런 일이 일어난 줄은 미처 상상하지 못했습니다. 그 일을 계기로 스펄전은 더욱 용기를 내어 그 같은 일에 매진했다고 합니다.

 ## 삶의 열매를 거두며

베드로와 요한이 오랫동안 몸을 가눌 수 없었던 한 사람과 또한 그를 바라보고 놀랐던 수많은 사람들에게 가져다 준 최대의 선물은 바로 나사렛 예수 그리스도의 이름이었습니다. 이 예수 그리스도의 이름보다 더 위대한 것은 없습니다. 오늘 우리 교회가 이 어두워져 가는 세상에 나누어주어야 할 가장 위대한 자원이 있다면 바로 예수 그리스도입니다. 이제 "예수 그리스도의 이름으로 일어나 걸으라"고 선포해야 할 영혼들은 누구입니까? 예수의 능력이 나에게도 있음을 믿고 선포하면서, 어떻게 그들의 가슴에 예수 그리스도의 이름을 새기겠습니까?

3. 진정한 이웃은 누구인가?

[25] 어떤 율법교사가 일어나 예수를 시험하여 이르되 선생님 내가 무엇을 하여야 영생을 얻으리이까 [26] 예수께서 이르시되 율법에 무엇이라 기록되었으며 네가 어떻게 읽느냐 [27] 대답하여 이르되 네 마음을 다하며 목숨을 다하며 힘을 다하며 뜻을 다하여 주 너의 하나님을 사랑하고 또한 네 이웃을 네 자신 같이 사랑하라 하였나이다 [28] 예수께서 이르시되 네 대답이 옳도다 이를 행하라 그러면 살리라 하시니 [29] 그 사람이 자기를 옳게 보이려고 예수께 여짜오되 그러면 내 이웃이 누구니이까 [30] 예수께서 대답하여 이르시되 어떤 사람이 예루살렘에서 여리고로 내려가다가 강도를 만나매 강도들이 그 옷을 벗기고 때려 거의 죽은 것을 버리고 갔더라 [31] 마침 한 제사장이 그 길로 내려가다가 그를 보고 피하여 지나가고 [32] 또 이와 같이 한 레위인도 그 곳에 이르러 그를 보고 피하여 지나가되 [33] 어떤 사마리아 사람은 여행하는 중 거기 이르러 그를 보고 불쌍히 여겨 [34] 가까이 가서 기름과 포도주를 그 상처에 붓고 싸매고 자기 짐승에 태워 주막으로 데리고 가서 돌보아 주니라 [35] 그 이튿날 그가 주막 주인에게 데나리온 둘을 내어 주며 이르되 이 사람을 돌보아 주라 비용이 더 들면 내가 돌아올 때에 갚으리라 하였으니 [36] 네 생각에는 이 세 사람 중에 누가 강도 만난 자의 이웃이 되겠느냐 [37] 이르되 자비를 베푼 자니이다 예수께서 이르시되 가서 너도 이와 같이 하라 하시니라

강도 만난 자의 이웃에 대한 오늘 본문은 너무나 익숙한 본문이지만 대각 성전도집회를 앞두고 있는 시점에서 우리에게 몇 가지 중요한 영혼 사랑의 진리를 선포하고 있습니다.

영혼에 대한 무관심이라는 영적 질병을 심각히 앓고 있는 오늘날, 적어도 우리들은 영적으로 강도 만나 죽어가는 우리의 이웃에 대해 결코 무관심해서는 안 됩니다. 단순히 어려울 때 도와주고 힘들 때 위로해 주는 자선의 차원으로만 끝나면 그것은 반쪽 사랑입니다. 영혼을 구원하는 데까지 이르러야 온전한 사랑이 될 수 있는 것입니다.

사마리아인처럼 진정한 이웃이 되길 원합니까? 그렇다면 그 영혼들을 끌어 안고 긍휼의 마음을 가지고 나아가야 합니다. 우리 모두 "너도 가서 이와 같이 하라"는 주님의 말씀에 순종하여 믿지 않는 영혼들을 주님 앞으로 인도하는 제2, 제3의 사마리아인들이 되길 바랍니다.

말씀의 씨를 뿌리며

1. 예수님께서 진정한 이웃이 누구인지 설명하기 위해 한 예를 드셨습니다. 한번 간단하게 줄거리를 요약해 보십시오.

- 30–35절/

2. 사건 현장에 먼저 도착한 제사장이나 레위인과 달리 맨 마지막에 도착한 사마리아인에게 볼 수 있는 결정적 차이는 무엇입니까?

- 31-33절/

3. 물론 앞서 두 사람에게는 강도 만난 사람을 도울 수 없었던 나름대로의 사정이 있었을 것입니다. 하지만 이런 점에서 사마리아인도 예외는 아니었습니다. 각각에게 있었던 장벽이 무엇인지 생각해 보십시오.

- 누가복음 1:8/

- 레위기 21:11/

- 요한복음 4:9/

4. 그럼에도 불구하고 사마리아인은 지역적, 감정적, 시간적, 물질적인 장벽을 초월하여 희생적인 사랑을 베풉니다. 예수님께서 그를 진정한 이웃의 모델로 소개한 것도 바로 이러한 대가 지불의 희생정신에 기초합니다. 당신은 어떻습니까? 한 영혼을 구원하기 위해 대가를 지불할 각오가 되어 있습니까?(참고/ 34, 35절)

5. 당시 예루살렘에서 여리고로 가는 길은 1100여 미터의 높이 차가 있는 험한 비탈길로 강도들의 횡포가 심한 몹시 위험한 길이었습니다. 이 길을 무서운 이 세상에 비교한다면 강도 만난 자는 누구를 가리킵니까? 왜 그렇게 말할 수 있습니까?

6. 그냥 지나친 두 사람에게서 볼 수 있는 가장 무서운 악은 바로 무관심입니다. 그러나 이들을 탓할 필요 없이 이미 우리들의 마음 한 부분도 이 무관심이 지배하고 있습니다. 자기만 아는 냉혹한 이기주의에 사로잡혀 자신과 자기 가족, 자기가 사랑하는 사람 외에는 관심이 없습니다. 이 세대가 점점 무서운 무관심의 노예가 되어가고 있는 것입니다. 다음 글을 읽고 당신의 경우는 어떤지 이야기해 봅시다.

1986년 노벨평화상을 수상했던 엘리 위즐(Elie Wiesel)이 남긴 유명한 말입니다. "사랑의 반대는 증오가 아니라 무관심입니다. 교육의 반대는 무지가 아니라 무관심입니다. 아름다움의 반대는 추함이 아니라 무관심입니다. 삶의 반대는 죽음이 아니라 삶과 죽음 모두에 대한 무관심입니다." 과연 나의 자화상은 누구를 닮았습니까? 만일 제사장이나 레위인의 자화상을 닮았다면 "하나님, 저의 무관심을 용서해 주옵소서"라고 회개해야 할 것입니다.

7. 당신은 예수님을 믿지 않는 이웃을 어떤 시선으로 봅니까? 그들을 강도 만난 사람으로 보는 영적인 눈이 있습니까?

8. 다음 글을 읽고 느낀 점을 이야기해 봅시다.

가나안 농군학교의 김용기 장로님이 쓴 책에 오래된 이야기이지만 깊은 교훈을 주는 사건이 있어 소개합니다. 당시 가나안 농군학교에서 양계장을 함께하고 있었는데, 마침 연탄 난로에 불이 나 한밤중에 대화재가 발생했습니다. 급히 뛰어나온 가족들과 그곳에서 교육을 받던 몇십 명의 생도들이 목격한 현장은 그야말로 아비규환이었습니다. 모피용 앙고라토끼의 털에 불이 옮겨 붙자 새빨간 폭탄이 되어버렸고 닭은 닭대로 마구 날뛰는 한마디로 생지옥 그 자체였습니다. 아무리 불을 끄려고 애를 써도 도무지 불길을 잡을 수 없었습니다.

더 이상 손을 쓸 수 없는 상황에서 김 장로님이 이렇게 소리쳤습니다. "여러분, 우리 모두 이 자리에 조용히 앉아 저 광경을 보면서 살아 있는 교육을 받읍시다." 그런데 살기 위해 몸부림치다 타죽어 가는 닭과 토끼들을 보면서 이런 생각이 들었다고 합니다. '인간이 자신의 죄를 회개하지 않고 육신의 욕심만을 추구하며 살다가 홀연히 죽음에 직면하면, 그 영혼은 유황불이 이글거리는 지옥에 떨어져 울부짖을 것이 아닌가?' 그 즉시 가슴이 서늘해지는 것을 느꼈다고 합니다.

불길이 다 사그라진 후 함께 교회로 들어가서 누가 먼저라고 할 것 없이 모두 눈물을 흘리며 가슴을 치고 기도했다고 합니다. 이를 계기로 당시 교육생 중 직접 1천 명이 넘는 폭력배들을 길러낸 조직폭력배 두목이 회개하는가 하면, 법대를 나와 사법고시를 준비하던 임영철이라는 청년은 법관의 꿈을 포기하고 가나안 농군학교의 농군이 되었고 나중에는 김용기 장로님의 첫째 사위가 되었다고 합니다.

세상에서 하나님을 모르고 살다가 갑자기 하나님의 부름을 받으면 그들이 가게 될 곳은 뻔합니다. 이런 사실을 알면서도 이웃을 보고 무관심으로 대한다면 그것만큼 무서운 죄도 없습니다.

삶의 열매를 거두며

내 주변에 영적으로 강도 만난 자는 누구입니까? 내가 품은 태신자도 예외일 수 없습니다. 우리 인생은 하루살이와 같습니다. 언제 무슨 일을 당할 지 하루도 장담할 수 없을 만큼 불확실성의 시대를 살고 있습니다. "너도 이와 같이 하라"는 주님의 말씀에 순종하여, 다시 한번 막바지 열의를 다해 전도해야 할 대상자들을 위해 기도하고 영혼의 추수를 위해 마무리 점검을 합시다.

4. 영원히 목마르지 않는 생수

7 사마리아 여자 한 사람이 물을 길으러 왔으매 예수께서 물을 좀 달라 하시니 8 이는 제자들이 먹을 것을 사러 그 동네에 들어갔음이러라 9 사마리아 여자가 이르되 당신은 유대인으로서 어찌하여 사마리아 여자인 나에게 물을 달라 하나이까 하니 이는 유대인이 사마리아인과 상종하지 아니함이러라 10 예수께서 대답하여 이르시되 네가 만일 하나님의 선물과 또 네게 물 좀 달라 하는 이가 누구인 줄 알았더라면 네가 그에게 구하였을 것이요 그가 생수를 네게 주었으리라 11 여자가 이르되 주여 물 길을 그릇도 없고 이 우물은 깊은데 어디서 당신이 그 생수를 얻겠사옵나이까 12 우리 조상 야곱이 이 우물을 우리에게 주셨고 또 여기서 자기와 자기 아들들과 짐승이 다 마셨는데 당신이 야곱보다 더 크니이까 13 예수께서 대답하여 이르시되 이 물을 마시는 자마다 다시 목마르려니와 14 내가 주는 물을 마시는 자는 영원히 목마르지 아니하리니 내가 주는 물은 그 속에서 영생하도록 솟아나는 샘물이 되리라 15 여자가 이르되 주여 그런 물을 내게 주사 목마르지도 않고 또 여기 물 길으러 오지도 않게 하옵소서 16 이르시되 가서 네 남편을 불러 오라 17 여자가 대답하여 이르되 나는 남편이 없나이다 예수께서 이르시되 네가 남편이 없다 하는 말이 옳도다 18 너에게 남편 다섯이 있었고 지금 있는 자도 네 남편이 아니니 네 말이 참되도다 19 여자가 이르되 주여 내가 보니 선지자로소이다 20 우리 조상들은 이 산에서 예배하였는데 당신들의 말은 예배할 곳이 예루살렘에 있다 하더이다 21 예수께서 이르시되 여자여 내 말을 믿으라 이 산에서도 말고 예루살렘에서도 말고 너희가 아버지께 예배할 때가 이르리라 22 너희는 알지 못하는 것을 예배하고 우리는 아는 것을 예배하노니 이는 구원이 유대인에게서 남이라 23 아버지께 참되게 예배하는 자들은 영과 진리로 예배할 때가 오나니 곧 이 때라 아버지께서는 자기에게 이렇게 예배하는 자들을 찾으시느니라 24 하나님은 영이시니 예배하는 자가 영과 진리로 예배할지니라 25 여자가 이르되 메시야 곧 그리스도라 하는 이가 오실 줄을 내가 아노니 그가 오시면 모든 것을 우리에게 알려 주시리이다 26 예수께서 이르시되 네게 말하는 내가 그라 하시니라

예수님은 여인과 생수에 대한 대화를 시작하십니다. 여기에서 바로 예수님의 지혜를 엿볼 수 있습니다. 대부분의 사람들은 자기에게 관심 없는 이야기는 듣기 싫어합니다. 자기와 마음이 통하지 않는 말을 아무리 한들 그것이 무슨 소용이 있겠습니까? 그래서 예수님은, "어떻게 하면 마음에 평안을 얻을까?" 하는 것이 관심사인 사람에게는 그 주제를 가지고 조금씩 접근해 오시고, '어떻게 하면 복 좀 받을까?' 하는 사람에게는 복의 문제를 가지고 서서히 찾아오십니다. 그러서 대화의 물꼬를 열어 가십니다. 몸에 병이 있는 사람들이 처음에 병을 고치려고 교회에 나오는 것은 절대로 나쁜 게 아닙니다. 인간은 누구나 다 상대방이 자신의 관심사에 먼저 관심을 보이며 접근해 와야 대화가 통하기 때문입니다. 이제 한 여인에게 영원히 목마르지 않는 생수를 주시기 위해 조심스럽게 다가가시는 예수님을 보면서, 한 영혼을 얻기 위해 필요한 지혜들을 배울 수 있길 바랍니다.

말씀의 씨를 뿌리며

1. 예수님은 사마리아 여인에게 어떻게 접근하셨습니까? 당시 상황을 머리 속에 그려 보면서 이야기해 보십시오.

   • 7절/

2. 9–15절에서 여인과 예수님이 나누는 대화의 내용을 주의 깊게 살펴
보십시오. 여인과 예수님과의 대화를 통해 발견한 점이나 느낀 점은
무엇입니까?

- 여인/

- 예수님/

3. 예수님께서는 여인과 생수 문제를 가지고 대화를 나누셨습니다. 그
런데 이 생수에는 굉장한 의미가 담겨 있습니다. 다음 구절들을 통해
그 의미와 특징을 살펴보십시오.

- 10절/

- 14절/

4. 예수님께서 새로 태어난 새생명, 즉 구원을 생수로 비유한데는 나름 대로 이유가 있습니다. 예수님을 믿고 새 생명으로 태어난 하나님의 자녀는 인간 내면에 고질병처럼 도사리고 있는 모든 갈증에서 해갈 의 기쁨을 누릴 수 있기 때문입니다. 당신이 품고 있는 태신자들은 어떠한 인생의 갈증으로 메마른 삶을 살고 있습니까? 또한 당신은 그 들의 갈증에 얼마만큼 공감하고 있습니까?(참고/ 이사야 55:1-2)

이사야 55:1-2 오호라 너희 모든 목마른 자들아 물로 나아오라 돈 없는 자도 오라 너희는 와서 사 먹되 돈 없이, 값 없이 와서 포도주와 젖을 사라 너희가 어찌하여 양식이 아닌 것을 위하여 은을 달 아 주며 배부르게 하지 못할 것을 위하여 수고하느냐 내게 듣고 들을지어다 그리하면 너희가 좋은 것 을 먹을 것이며 너희 자신들이 기름진 것으로 즐거움을 얻으리라

5. 그렇다면 이 갈증을 어떻게 해결할 수 있는지 다음 글을 읽고 이야기 해 봅시다.

"모든 사람의 마음에는 하나님이 만드신 하나의 공간, 즉 공백이 있다. 예수를 믿는 사람이든 안 믿는 사람이든 다 마음속에 이 공백이 있다. 이것은 어떠한 피조물도 채울 수 없고 오직 예수 그리스도를 통하여 하 나님만이 채워주실 수 있는 공백이다."라고 파스칼은 말했습니다. 인간 속에는 하나님이 만드신 공백, 텅빈 곳이 있는데, 이것은 사람이 아무리 채워 넣으려고 해도 채울 수 없고, 하나님만이 여수님을 통해서 채워줄 수 있다는 것입니다.

6. 다음 구절에서 그 동안 이 여인이 어떤 삶을 살았을 것으로 추측할 수 있습니까? 어떤 내면의 고통이 있었으리라고 생각됩니까?

· 16-18절/

7. 인간에게 갈증이 생기는 이유는 2가지입니다. 하나는 하나님의 형상이기 때문에 생기는 긍정적인 갈증과 죄로 인한 부정적인 갈증입니다. 이 여인처럼 그 마음이 욕심과 정욕의 노예가 될 때 그 인생의 끝은 어떻게 될까요? 당신은 이러한 사람들을 볼 때 어떠한 마음이 듭니까?

8. 다음 글을 읽고 느낀 점을 이야기해 봅시다.

위대한 교부이자 사상가였던 어거스틴은 이렇게 이야기합니다. "오, 하나님! 우리는 하나님께 지음 받은 피조물이기 때문에 우리가 하나님께로 돌아가기 전에는 마음에 진정한 평안이 있을 수 없나이다."

어린아이가 엄마한테로 돌아가기 전에는 평안이 없는 것처럼 우리는 하나님께로 돌아가기 전에는 평안이 없습니다. 하나님의 형상을 닮은 여러분은 그 마음속에 분명히 갈증이 있을 것입니다. 나의 한 번 밖에 없는 젊음이 이렇게 지나가는데, 이것이 내 인생의 전부냐? 내가 이것을 위해서 살았느냐? 도대체 사는 의미가 무엇인지 가만히 생각해 보십시오. 좋은 집을 가져도 만족이 없고, 조금 출세한 것 같아도 만족이 없고, 좋은 자가용을 타도 만족이 없습니다. 왜 그렇습니까? 하나님을 찾지 않으면 그 공백을 메울 수 없기 때문입니다. 하나님께서 메워야 할 공백을 인간이 메울 수 없기 때문입니다.

우주는 하나님이 만든 것입니다. 이 우주를 인간이 메울 재간이 없습니다. 마찬가지로 우리 마음에 있는 공간은 이 우주보다도 더 큽니다. 하나님만이 메울 수 있습니다. 인간은 먼지와 같은 존재입니다. 하나님 앞으로 돌아와야 합니다.

 ## 삶의 열매를 거두며

주님께서 우리에게 주시겠다는 생수가 영원히 마르지 않는 샘물이 된다는 말은, 마실 물을 우리에게 주신다는 말이 아니라 하나님이 치료하시는 방법을 말씀하시는 것입니다. 이 치료 방법에는 2가지가 있습니다. 하나님의 형상 때문에 오는 갈증은 우리가 하나님의 자녀가 됨으로써 채워지고, 죄 때문에 오는 갈증은 우리의 속사람을 새사람으로 바꾸어줌으로써 채워지게 됩니다. 당신이 품은 태신자들의 갈증을 해결하기 위해 구체적으로 어떻게 노력하겠습니까?

5. 당신에게는 생명까지 아낌없이 주는 동행자가 있습니까? _후속 양육

[9] 내가 문이니 누구든지 나로 말미암아 들어가면 구원을 받고 또는 들어가며 나오며 꼴을 얻으리라 [10] 도둑이 오는 것은 도둑질하고 죽이고 멸망시키려는 것뿐이요 내가 온 것은 양으로 생명을 얻게 하고 더 풍성히 얻게 하려는 것이라 [11] 나는 선한 목자라 선한 목자는 양들을 위하여 목숨을 버리거니와 [12] 삯꾼은 목자가 아니요 양도 제 양이 아니라 이리가 오는 것을 보면 양을 버리고 달아나나니 이리가 양을 물어 가고 또 헤치느니라 [13] 달아나는 것은 그가 삯꾼인 까닭에 양을 돌보지 아니함이나 [14] 나는 선한 목자라 나는 내 양을 알고 양도 나를 아는 것이 [15] 아버지께서 나를 아시고 내가 아버지를 아는 것 같으니 나는 양을 위하여 목숨을 버리노라 [16] 또 이 우리에 들지 아니한 다른 양들이 내게 있어 내가 인도하여야 할 터이니 그들도 내 음성을 듣고 한 무리가 되어 한 목자에게 있으리라

인생의 겉모습은 언뜻 저마다 다르게 보이지만, 그 삶을 한 꺼풀 벗겨내면 그 밑바닥은 수고와 슬픔으로 얼룩져 있습니다. 그래서 성경은 "인생이 강건하여 오랜 연수를 산다고 해도 그 연수의 자랑은 수고와 슬픔뿐"이라 말씀합니다. 여기에는 그 누구도 예외일 수 없습니다. 성경에서 말씀하는 인생살이에는 또 하나의 진리가 있습니다. 욥의 고백처럼 인생은 "태어날 때 빈손으로 태어나 죽을 때에도 빈손으로 돌아가는 것"입니다. 그러나 우리 믿는 자에게는 비록 수고와 슬픔이 씨즐처럼 얽힌 삶이라고 해도 삶의 풍성함을 누리다가 빈 손이 아닌 두 손 가득히 이 땅을 떠나는 비결이 있습니다. 고독하고 황량한 현대 사회에서 이 복을 누리는 길은 선한 목자 되시는 예수님의 음성을 어떻게 듣고 반응하며 그와 동행하느냐에 달려 있습니다.

당신에게는 생명까지 아낌없이 주는 동행자가 있습니까? 자기 양들을 위해 목숨을 버리신 예수님께서 우리의 선한 목자가 되어 일평생 우리와 동행하신다는 사실만큼 우리의 가슴을 적시는 것은 없습니다. 이 시간 말씀을 통해서 이 감격적인 진리를 머리가 아니라 마음으로 받아 일평생 예수님의 손을 붙잡고 동행하는 복된 인생의 주인공들이 되기를 바랍니다.

🌱 말씀의 씨를 뿌리며

1. 예수님은 자신을 누구라고 말씀하고 있습니까?

- 11절 /

- 14절 /

$2.$ 예수님을 선한 목자라고 할 때, 당신이 갖는 첫 느낌은 무엇입니까? 여기에 대해서 성경은 어떻게 말씀하고 있는지 구체적으로 살펴봅시다.

- 자기 양을 아심(요한복음 10:3b, 27)
  "양은 그의 음성을 듣나니 그가 자기 양의 이름을 각각 불러 인도하여 내느니라, 내 양은 내 음성을 들으며 나는 그들을 알며 그들은 나를 따르느니라."

- 인간을 불쌍히 여기심(마태복음 9:36)
  "무리를 보시고 불쌍히 여기시니 이는 그들이 목자 없는 양과 같이 고생하며 기진함이라."

- 꼴을 먹이심(9절)
  "내가 문이니 누구든지 나로 말미암아 들어가면 구원을 받고 또는 들어가며 나오며 꼴을 얻으리라."

- 잃은 양을 찾으심(마태복음 18:12-13)
  "만일 어떤 사람이 양 백 마리가 있는데 그 중의 하나가 길을 잃었으면 그 아흔아홉 마리를 산에 두고 가서 길 잃은 양을 찾지 않겠느냐 진실로 너희에게 이르노니 만일 찾으면 길을 잃지 아니한 아흔아홉 마리보다 이것을 더 기뻐하리라."

- 양을 위하여 생명을 내주심(11, 15절)

  "나는 선한 목자라 선한 목자는 양들을 위하여 목숨을 버리거니와 아버지께서 나를 아시고 내가 아버지를 아는 것 같으니 나는 양을 위하여 목숨을 버리노라."

3. 이와 반대로 악한 목자(삯꾼)의 모습에 대해서 성경은 어떻게 이야기하고 있습니까?

- 12-13절

  "삯꾼은 목자가 아니요 양도 제 양이 아니라 이리가 오는 것을 보면 양을 버리고 달아나나니 이리가 양을 물어 가고 또 헤치느니라 달아나는 것은 그가 삯꾼인 까닭에 양을 돌보지 아니함이나"

- 에스겔 34:2b-5

  "자기만 먹는 이스라엘 목자들은 화 있을진저 목자들이 양 떼를 먹이는 것이 마땅하지 아니하냐 너희가 살진 양을 잡아 그 기름을 먹으며 그 털을 입되 양 떼는 먹이지 아니하는도다 너희가 그 연약한 자를 강하게 아니하며 병든 자를 고치지 아니하며 상한 자를 싸매 주지 아니하며 쫓기는 자를 돌아오게 하지 아니하며 잃어버린 자를 찾지 아니하고 다만 포악으로 그것들을 다스렸도다 목자가 없으므로 그것들이 흩어지고 흩어져서 모든 들짐승의 밥이 되었도다."

4. 양과 같은 인생들이 위험 속에서 살아남는 비결은 선한 목자의 인도를 받는 것입니다. 인생의 선한 목자 되시는 예수님의 인도하심을 받는 것만큼 안정되고 복된 것은 없습니다. 당신을 위해서 생명도 아끼지 않고 던지시며 당신의 손을 붙잡고 인도하시는 예수님과 동행하기 위해서 무엇이 필요합니까?

- 10:4, 16, 27
  "자기 양을 다 내놓은 후에 앞서 가면 양들이 그의 음성을 아는 고로 따라오되, 또 이 우리에 들지 아니한 다른 양들이 내게 있어 내가 인도하여야 할 터이니 그들도 내 음성을 듣고 한 무리가 되어 한 목자에게 있으리라 내 양은 내 음성을 들으며 나는 그들을 알며 그들은 나를 따르느니라."

- 요한복음 14:23
  "예수께서 대답하여 이르시되 사람이 나를 사랑하면 내 말을 지키리니 내 아버지께서 그를 사랑하실 것이요 우리가 그에게 가서 거처를 그와 함께 하리라."

5. 양으로서 목자를 따르기 위해서 가장 중요한 것은 목자의 음성을 듣고 반응하는 것입니다. 당신의 경우 일상에서 목자 되신 예수님의 음성을 듣는 것을 가장 방해하는 것은 무엇입니까? 또 성경은 어떻게 말씀하고 있습니까?

- 마가복음 4:19

  "세상의 염려와 재물의 유혹과 기타 욕심이 들어와 말씀을 막아 결실하지 못하게 되는 자요."

- 요한복음 14:17

  "그는 진리의 영이라 세상은 능히 그를 받지 못하나니 이는 그를 보지도 못하고 알지도 못함이라 그러나 너희는 그를 아나니 그는 너희와 함께 거하심이요 또 너희 속에 계시겠음이라."

- 요한복음 18:37b

  "무릇 진리에 속한 자는 내 음성을 듣느니라 하신대."

- 시편 95:10

  "내가 사십 년 동안 그 세대로 말미암아 근심하여 이르기를 그들은 마음이 미혹된 백성이라 내 길을 알지 못한다 하였도다."

6. 자기 양들을 위해 목숨을 버리신 예수님께서 우리의 선한 목자가 되어 일평생 우리와 동행하신다는 사실만큼 우리의 가슴을 적시고 우리의 삶을 풍성하게 하는 것은 없습니다. 당신을 위해서 생명도 아끼지 않고 내어주시는 예수님과 더 잘 동행하기 위해서 당신은 무엇을 할 수 있습니까? 자신의 결심을 적고 함께 나누어 봅시다.

7. 다음 글을 읽고 느낀 점을 나누어 봅시다.

양을 치는 목자가 선한 목자인지 삯꾼 목자인지 아는 방법은 웃옷을 벗겨 보면 알 수 있습니다.

선한 목자의 몸에는 양을 위해 싸우다가 생긴 상처가 곳곳에 남아 있습니다. 그것은 짐승이 양을 물어 가면 목자가 양을 지키기 위해 사나운 맹수와 싸우다가 생긴 상처입니다. 그렇습니다. 막대기만 들고 다닌다고 해서 다 참 목자라고 말할 수는 없습니다.

양의 생명을 구하는 것은 목자의 외모도, 그가 입고 있는 옷도, 심지어 그가 들고 있는 지팡이도 아닙니다. 양의 생명을 구하는 것은 목자의 가슴 속에 넘치는 사랑입니다.

선한 목자이신 예수님에게는 우리를 마귀의 손에서 건져내기 위해서 온 몸에 깊은 상처들이 있습니다. 십자가상의 죽음을 통해서 남겨진 허리에 창자국과 손에 못자국은 우리를 마귀에게서 구원하시기 위해 참 목자가 가졌던 거룩한 상처라고 할 수 있습니다.

당신에게는 세상의 온갖 소음 가운데서 예수님의 사랑의 음성을 들을 수 있는 열린 귀와 목자의 겉옷 속에 가리워진 깊은 상처를 볼 수 있는 영혼의 눈이 있습니까?

양에게 가장 중요한 일은 목자의 음성을 듣는 것입니다. 우리가 살고 있는 일상의 소음은 날이 갈수록 선한 목자 되시는 예수님의 음성을 듣지 못하게 방해하고 있습니다. 그렇기 때문에 어떻게 하든지 예수님의 음성을 듣기 위해 말씀과 기도 시간을 떼어놓는 일은 우리의 영적인 생사와 관계되는 중요한 일입니다.

예수님 당시 서기관과 바리새인들은 당시의 종교지도자들이었지만 예수님의 음성을 듣는 일에 실패한 사람들입니다. 그러나 세리였던 삭개오나 사람들의 외면을 받았던 막달라 마리아는 예수님의 음성을 듣는 일에 성공한 사람들이었습니다. 예수님의 음성을 듣고 순종할 수만 있다면, 그리하여 예수님과 동행하는 삶을 살기만 하면 이 땅에서 비록 초막과 같은 삶을 산다고 해도 천국의 삶을 누릴 수가 있습니다.